तहफ़्फ़ुज़-ए-हिन्द

Abdul Fahad

INDIA • SINGAPORE • MALAYSIA

ISBN
Paperback 979-8-89744-489-2
Hardcase 979-8-89744-490-8

हर हिन्दुस्तानी में अपने देश के लिये मिटने की भावना लिये दिल धड़क कर कहता है – तहाफफुज-ए-हिन्द| जहाँ एक तरफ युवा गहरे विषाद में, आलस्य में, दिशा भ्रमित हैं वही पर कुछ मतवाले देश की सीमा पर बलिदान देने की ज़िद में अड़े हैं, बलिदान की वजह – देश की सुरक्षा, आन-बान-शान बरकरार रहे|

यही पहचान है मेरा

यही तक़दीर है मेरा

मैं हिन्दुस्तान की मिट्टी हूँ

यह हिन्द जान मेरा!

युवा कवि अब्दुल फहद देश की सीमा पर खड़े जबानों के लिए अपने भावों को रुपरेखा देते दिखायी देते हैं|

खाकर गोली सिने में फिर भी गर्व से कहता हूँ

सौ को गोली मारा, मने मैं भी भारतवासी हूँ!

तहाफ्फुज – ई – हिन्द काव्य सग्रह पाठकों को भारतवासी होने का गर्व महसूस कराने के साथ-साथ सभी को देश के परती कर्तव्यों तथा जवानों के प्रति संवेदना प्रस्तुत करने के लिये बाध्य करेगा|

मेरी शुभकामनाएं

जय हिन्द जय हिन्दुस्तान

डा. ममता भारद्वाज

18.02.2025

9:36 AM

अब्दुल फहद

आज का मौसम

आज ये बरसा हुई धीमी-धीमी से हुई!

खुब सुरत आसमा की चाँद की रोसनी हुई!

आज के ये दिन कितनी खुब सुरत हुई

सबनम के आसुओं के कलियों की मुसकुराना

हरे – भरे खेतों में जल तरंग लहराना

खुब सुरत आसमा में बादलों का फुस फुसाना!

कितना खुश है जहाँ ये मौसम देख कर!

आता जमाना खुशीओं का ये मौसम देख कर!

चाँदनी शरमाती जैसी चाँद को देखकर!

बहारे इश्क का ये मौसम ही लाया है

उनके जुल्फों की हवाएँ ये मौसम ही लाया है

खुली है आँखे मेरी आधी रात में

ये खुश नुमा रात ये मौसम ही लाया है

जल जीवन हरियाली

जल जीवन हरियाली पर नया भारत का निर्माण करो!

सरजमीन ने ए हिंद को हर रंग तारीफ करो

जल जीवन हरियाली पे नये भारत का निर्माण करों!

चली जाएगी हरियाली

वसंत ऋतु कब आएगी

कोयल डाल बोल रही है

कब सावन के दिन आयेगा!

मिट जायेगा जंगल पक्षी

सालीम अली ना आएगा!

अब्दुल फहद

मान ही कोयल बोल रही है!
वसंत ऋतु कब आएगा!
नई हरियाली का आशा है
मिट जायेगा जंगल पक्षी
सालीम अली का आशा है

अभी भी आशा है उनका कब लौट के आएगा!
पक्षी प्रेमी जीवन हरियाली पर नया भारत बनाएगा!

कृष्ण के प्रति प्रेम

लोग कहत है रात भर जगी!

संकोयं रहत है मन में कब ब्रन्ददिनंद में पधरि!

मन चाहत है कब सुनु मुरली की धारा!
प्रेम में मोहित हो जाऊ कृष्ण के सहारा!

लोग चाहत है! कब मैं जाऊं!
ब्रिंदावन का स्वांग करू!
कृष्ण के मोहिनी तान के
जीवन रूपी वरदान करू!

कृष्ण के मोहिनी तान में
ब्रिंदावन का शोभा है
मनों रूपी वरदान करके
कृष्ण के सहारा है!

मनो आशा है ये सोच रहा

ब्रिंदावन में जाउँगा

मुरली की मोहिनी तान के

प्रेमी बन कर लौटूंगा

मनो आशा है जो सोच रहा

ब्रिंदावन में जाउँगा

ना जाने कब मै लौटूंगा भारत माँ का आशा है

चला गया हूँ मिशन पर जो इस देश का ये आशा है

ना जाने मैं कब लौटूंगा ये भारत माँ का आशा है!

अब्दुल फहद

खा कर गोली सिने पर फिर भी गर्व से करता हूँ!

सौ को गोली मारा मैंने मैं भी भारतवासी हूँ

ना जाने कब मैं लौटूंगा भारत माँ का आशा है!

रक्त बहा ये जिस्म से जुनुन का दिया बुझा नही है
लगे हैं गोली सिने पर जिस्म अभी झुका नही है!
जुनु का आशा अभी भी है!
ना जाने मैं कब लौटूंगा भारत माँ का आशा है!

मर गया इस देश पर प्रेम की अग्नी जला दिया है!

गद्दारों के देशों में प्रेम का भाषा सिखा दिया है

इतनी सी ये आशा लेकर देश पर मैं मरता हूँ!

ना जाने मैं कब लौटूंगा ये भारत माँ का आशा है!

आरज़ू लेकर सिने में देश के लिए मैं मरता हूँ!

खुश रहना वतन साथियों मैं ये जहाँ से चलता हूँ

ना जाने मैं कब लौटूंगा ये भारत माँ का आशा है!

बरदास नहीं तो जंग का ऐलान करो
भेजा आतंकवादी तुमने जम्मू काशमीर पर!
है लड़ाई छिड़ी ये हिंद के सरजमी पर!
कितने लोग मारे गये ये तेरे आतंकवादी पर
मचल उठी हिंद की कौम ये तेरे आतंकवादी पर

कितनी वार कहा तुझसे शांति रखो अपने देश पर!
बरदास नहीं तो जंग का ऐलान करो इस देश पर!

अब्दुल फहद

कितने सोर मचाओगे मेरे छिंद के शेरो पे

मर गए इस देश के लाल तेरे आतंकवादी पे,

कितनी वार कहा तुझसे ऐलाने जंग क्यों नहीं करते!

बरदास नहीं तो जंग का ऐलान क्यों नही करते!

जो भी मेरे देश में ओ मेरे संगचारी थे,
तेरे खिलाफ सुनवाई अभी जारी थे
कितनी बार कहा तुझसे ऐसा भी ना किया करो!
बरदास नही तो जंग का ऐलान भी किया करो!

महंगाई के ज़माने में क्या हालत होगी तेरी!
400 रूपये खा कर टमाटर कैसी मस्ती होगी तेरी!

पहचान

कोई मजनु समझता है कोई पागल समझता है

ये हिन्दुस्तान की मिट्टी है मुझे अपना वतन समझता है!

यही पहचान है मेरा
यही तक़दीर है मेरा
मैं हिंदुस्तान की मिट्टी हूँ!
ये हिंद जान है मेरा!

ये ताज है तेरा वतन ये जान है मेरा!
ये सियासत है तेरा ये देश है मेरा!

यही इस मुल्क में हर रंग का कलीचा रहती है!
हर रंग यहाँ अजुबा है हर ताज यहाँ झुकता है!

यही पहचान है उनका
यही आगाज है उनका
हर ताज यहीं झुकता है
यही शान है उनका!

मुहब्बत बाँटने आया हूँ! दोनों के दिलों में मैं!
एक दुसरे के दिलों को मिलाने आया हूँ मैं!

यही पैगाम लेकर घर से मैं भी निकला हूँ!
इन्हें गले मिलाना उन्हें दिलो मिलाना है!

अब्दुल फहद

Ammi - माँ

ऐ जाने जहाँ मैं तुझे किसी चाँद के हुसन से मिला दूँगा!

मैं फिर से अपने दिलों को मना लूँगा!

जिसने किया है मुझे बरसों से इन्तजार!

ऐ माँ फिर से तुझे गले से लगा लूँगा!

मैं ना चमन के बाग में खोया था!
मैं ना किसी आसमा के छाओं में खोया था
तसवीर मेरे दिल में था तुझे हर जगह खोया था!

अब्दुल फहद

ऐ माँ आपकी हर एक सास मेरे दिल की धड़कन में है

जो घर मैं जन्नत में बसाया था ओ आपकी कदमों के निचे है!

और मैं अपना ठिकाना कहा करता!

आपको ढूंढा था पर हसरत में पाया था!

देखा था आपको मैं सालो मगर

बचपना तो अब पाया था!

रंगीन—सा झलक

जाने जहाँ का रंग थे, जीने से होता है!

मकसद है सब का एक मगर निभाने से होता है!

अब्दुल फहद

कल का सूरज का रंग अगर कीरड़ ना होती

आसमा की रंग कोई मिला ना होता

अगर ओ मिल जाए तो मिलकर कुछ और कर देते!
अगर ये मुमकिन तो बात भी कर देते!

जो टूटी हुई रस्में थी उसे फिर से नया बना लेते!

अगर किस्मत से मुलाकात हो तो जिन्दगी फिर से बना लेते!

अगर चाँद से मुलाक़ात हो तो चाँदनी से बता देते!
अगर सूरज से बातें होती तो फिर से बता देते!

अगर फलक और जमी की बात होती तो बारिस को बता देते!

अगर हुसने अजिम होता तो चाँद की रोनक के भी किला बना देते!

ये हुसने जहाँ की सफ़र कभी पुरानी ना होती!

तेरे यादों से हम दर गुजर रहते

भुला दिया तुमने मुझे एक ख्वाब समझ कर

ये ख्वाब का रंग किसी पुरानी कहानी ना होते!

अब्दुल फहद

जलिया वाला बाग़

ओ बाग क्या खुब मचा था

ओ खून की नदियाँ क्या खुब वहा था

ये रक्त जहाँ आज़ादी का क्या खुब मचा था
खून से बहती नदियाँ क्या शोर मचा था

अब्दुल फहद

भारत माँ की आज़ादी का ये दिन जगा था
रक्त बहा था लाखों की ये दीन याला था

मत मचाओ शोर इस बाग में
भारत माँ के दिवाने जाग जाएंगे
खुन से बहा नदिया मचल उठेगी!

अब्दुल फहद

मत मचाओ शोर इस बाग में
ये फलक सहम उठेगा!

दादा जी ने क्या बात बताया

कैसे ज़माने थे बचपन के दादा जी ने एक बात बताया!

इज़्ज़त बड़ी है सबसे दौलत दादा जी ने क्या बात बताया!

सबके पास ये होती नहीं ना हो तो बईमानी!

क्या यह यही है एक दुनिया एक नई कहानी!

नई बात की नई कहानी नई समाज की बताये थे!
इज्जत बड़ी है सबसे दौलत नई समाज के बताये थे!

कहते हैं की ये लोग सारे
निकला सूरज उजाला कर के
बुझ गया बिना बताये
इतिहास में है उनकी बातें
जो समाज में काम आए!

थाम गई आवाजे हमारी जब चल बसे एक दुनिया से!

समाज की एक नई कार्य कर चुके इस दुनिया से!

एक आह से निकली लोगो की जब चल बसे इस दुनिया से!

एक नये समाज के दे चुके थे जब चल बसे इस दुनिया से!

सांग

ये दिवाने दिल की कलीया जो बैठी मेरे पास थी!

सज के ओ भी आज सवर के जो बैठी मेरे पास थी!

सोचा एक पल की एक बात कहूँ!

संग घुमु एक एहसास करू!

मेरे साथ रह ले तु ऐस भी एक बात करू!

दिल की बात दिल में थी कैसे तुम्हें इजहार करू!

इतनी प्यारी है ये आँखे कैसे इन्हें इजहार करूँ!
हुसन सराफा है उनका, क्यों ना उन्हें दिदार करूँ!

ये दिवाने दिल की कालीया हुसन सवारी बैठी थी!
सज के ओ भी आज सवर के जो बैठी मेरी पास थी!

कब संग घुमे मै एहसास करू!

किस जुबां में उनसे बात करू!

दिल पे दस्तक दे रही है!

खुब सुरत ये सफ़र कैसे उनके नाम करू!

अब्दुल फहद

छोड़ फहद कुछ और कर! उन्हें कुछ भी एहसास नहीं!
एक अरसा हुआ तुमको मिले अब ओ तुम्हारी हमरास नहीं!

चाँद जो तुम समझते थे! ओ आंगन में किसी और का है!

छोड़ फहद अब क्या कम संग तेरे उस चाँद का!

चाँद की रौशनी बिखर गई है! आंगन में किस और का!

अब्दुल फहद

मैं अबदुल फहद मेरा जन्म 21 अक्टोबर 2006 के बिहार राज्य में एक छोटे से शहर गोपालगंज के छितैली गांव में हुआ, मेरे पिता का नाम नासीर आलम है और मेरी अम्मी का नाम सगीरन खातुन है. मेरी प्राथमिक शिक्षा आर.एम. पब्लिक स्कूल से हुई और मैं 10वीं पास सी.बी.एस.सी बोर्ड से पास हुआ. 12th पास बी.एस.इ.बी बोर्ड से किया. मैं अभी बी.टेक फर्स्ट इयर का स्टूडेंट हूँ.

तहाफ्फुज-ई-हिंद

तहाफ्फुज-ई-हिंद: मतलब हिंद का हिफाजत जो हमारे आर्मी सेना कर रहे हैं उसी की मोहब्बत और फीलिंग को हमने तहाफ्फुज-ई-हिंद के सकल में लिखा है.